Wilhelm Busch
Max und Moritz

Englische Nachdichtung
von Percy Reynolds

Nachwort von
Manfred Görlach

Philipp Reclam jun. Stuttgart

RECLAMS UNIVERSAL-BIBLIOTHEK Nr. 9432
Alle Rechte vorbehalten
© 1996 Philipp Reclam jun. GmbH & Co., Stuttgart
Gesamtherstellung: Reclam, Ditzingen. Printed in Germany 2004
RECLAM, UNIVERSAL-BIBLIOTHEK und
RECLAMS UNIVERSAL-BIBLIOTHEK sind eingetragene Marken
der Philipp Reclam jun. GmbH & Co., Stuttgart
ISBN 3-15-009432-1

www.reclam.de

Max and Moritz
A Tale of Two Scamps
in Seven Pranks

Foreword

Oh, how full the Sunday papers
Are of naughty children's capers,
Like the tricks the ill-reputed
Max and Moritz executed.

These two, good advice pooh-poohing,
Would not stop their evil-doing;
No, not they, as rules they flouted,
They would even laugh about it!
Yes, on crime and misdemeanour
No-one could be any keener!
Teasing people, hurting bunnies,
Stealing plums and dinner moneys.
Sure, such things are more relaxing,
And, indeed, not half as taxing
As to sit and hear the teacher
Or the sermon of the preacher.
But oh dear, oh dear, impending
Looms, I fear, a sticky ending.
God! it was a bad affair,
That befell the naughty pair.

Hence the tricks they perpetrated
Are set down and illustrated.

The First Trick

Many people's love extends
To include our feathered friends,
First because it can be paying
By the eggs these birds are laying,
Secondly as now and then
One may eat them *coq au vin*.
Third, the feathers they produce
Have a long-established use
As a warming duvet filling,
For who'd want a bedtime chilling?

Well, the Widow Bolter here
Never warmed to the idea.

Of her little chicken flock,
Three were hens and one a cock.
Here, so Max and Moritz thought,
Was their chance to get some sport.

One, two, three, they press ahead
Cutting up a piece of bread
Into four which for their trick
Had to be a finger thick.
These they tie to cross-laid thread
Each end baited with some bread,

And with reckless disregard
Lay it in the widow's yard.

Instantly the cock starts crowing
To announce that food is going.
And the hens hear him from far;
Cluck-cluck-cluck, and here they are!

Cock and hens now gaily swallow
Each a piece with string to follow.

But they soon begin to sense
That they cannot get from hence.

Pulling left and right, they tear
One another here and there,

Flutter up on wings of fear,
Goodness me! Oh dear, oh dear!

Oh, their tangled flight is ended.
From a branch they hang suspended.
And their necks grow long and longer,
Whilst their song sounds wrong and wronger.

Each still lays a final egg,
Then comes Death and out they peg.

Widow Bolter sensed on waking
Some disaster in the making.

Nervously she stepped outside;
Oh, how was she horrified!

"Flood mine eyes! Let tears be streaming!
All my hopes, my fondest dreaming,
All that meant the world to me
Dangles from this apple tree!"
Grieved as never in her life,
She gets out the kitchen knife,

11

Cuts her dead down to the ground,
Loath to see them hang around.

Then with silent looks of pain,
She returns indoors again.

So much for the opening trick;
Worse to follow in a tick.

The Second Trick

When the widow by the morrow
Had recovered from her sorrow,
She, on mulling matters through,
Felt the proper thing to do
For the dead, who sad to say,
So untimely passed away,
Was in honour to deplume them,
Fry them golden and consume them.
But her grief, of course, was great
As they lay in naked state
By the oven, all dismembered,
They who once, as she remembered,
Gaily scratched for morsels hidden
In the farmyard sand or midden.

Widow Bolter weeps anew;
Spitz, her dog, is present too.

Max and Moritz smell the dinner:
"To the roof; we're on a winner!"

Down the smoking chimney spying
They can see the chickens frying.
Minus heads and feet they splutter
Scrumptious brown in bubbling butter.

While the chicken plop and splatter,
Widow Bolter takes a platter

Down the cellar for a spot of
Sauerkraut she thinks a lot of,
More particularly when
It had been warmed up again.

Meanwhile in their roof position
Max and Moritz start their mission.
Crafty Max brought rod and reel
Well prepared to catch a meal.

Allez-oop! He's hooked a chicken
Dripping fat and fingerlickin'!

Allez-oop! Here's number two;
Allez-oop! The third one, too;
Number four is not forgot,
Allez-oop! We've got the lot.
Though the dog had seen their crime
Barking wildly all the time,

Nonetheless, the thieves effected
Their escape and gaily legged it.
Well, that dropped the dog right in it,
For the widow came that minute;
My! How was she disconcerted
When she saw the pan deserted!

Not one chicken – zero! Nought!
"Spitz!" – that was her instant thought.

"Oh, you brute, what have you done!
Just you wait, I'll fetch you one!"

And she fetches him a clout
With a spoon both hard and stout.
Spitz cries out in high lament
For he feels he's innocent.

In their hiding place the wicked
Boys lie snoring in the thicket.
And of all the chicken fry
Just two drumsticks wave goodbye.

So much for the second trick;
Worse to follow in a tick.

The Third Trick

All the village population
Knew of Mr. Duck's vocation.

Working clothes or Sunday bests,
Dinner jackets, gaudy vests,
Waistcoats with a lot of pockets,
Winter coats or hacking jackets –
Each and all of the foregoing
Tailor Duck was good at sewing.
Or if something needed mending,
Taken in or else extending,
Or a trouser button's stitching
Had come loose and needed fixing –
When or where or what it was
Duck will take it on because,
Be it fancy dress or surplice,
Sewing is his life and purpose.
Hence, the village folk commend him
And are eager to befriend him.
Max and Moritz contemplated
How to make him agitated.

For along the tailor's dwelling
Ran a river fast and swelling;

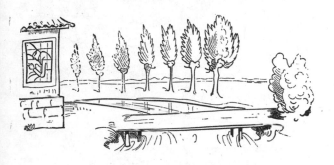

And the footpath, bank to bank,
Was connected by a plank.

This was what the lads had plans for
And for which they brought a handsaw.
Wish-a-woosh! The saw-blade neatly
Cuts the bridge, but not completely.

When the deed was done, the boys
Started making lots of noise:
"Hey, come out, old Daffy Duck!
Tailor, tailor, quack, quack, quack!"
Every kind of ridicule
Duck could stand and keep his cool,
But the sound of that refrain
Really went against the grain.

Quickly to his anger yielding
Duck jumps out his ruler wielding.

For again the quacks he fears
Are intoned and reach his ears.

Blindly on the bridge he blunders;
Crack! the sawn plank gives and sunders.

Quack, quack, quack! the taunts go on.
Splash! and look! – the tailor's gone.

Duck was running short of air,
When a goose and gander pair

Paddled by whose legs by luck
He grabbed hold of, terror-struck.

With the geese's legs in hand
He was fluttered back to land.

By the way, such goings on
Are not very good for one.

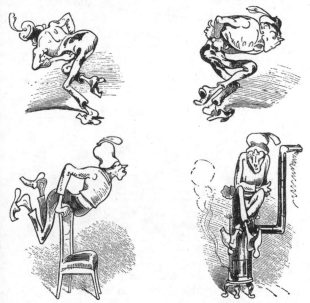

And, indeed, the tailor's troubles
Left him with the collywobbles.

25

To her credit, here his missus
Heats the iron till it hisses,
Puts it where he feels the pain
And restores his health again.

Soon the village end to end
Hears that Duck is on the mend.

So much for the third bad trick;
Worse to follow in a tick.

The Fourth Trick

History at every turn
Shows that man has much to learn.
Not alone the ABC
Fuels man's ascendancy;
Not just literacy increases
The potential of the species;
Nor should clever book revision
Be the sum of man's ambition.
He must also hear with pleasure
Lessons drawn from wisdom's treasure.

And to see this instituted
Master Lampel was recruited.

Max and Moritz, wisdom spurning,
Didn't like this man of learning;
For all wicked tricksters hate
School where they must concentrate.

Now this teacher chanced to be
A tobacco devotee,
Something which one hardly can
Hold against a nice, old man
When it helps him to unwind
And forget the daily grind.
Max and Moritz, unrelenting,
Are in process of inventing
Something apt to take a swipe
At the teacher through his pipe.
So on Sunday, as routinely
Lampel sits in church serenely,

And with soulful temperament
Plays the keyboard instrument,
Max, together with his buddy,
Sneak inside the master's study

Where his pipe of meerschaum stands;
Max here holds it in his hands.

What is going on, you ask?
Moritz from the powder flask
Fills the meerschaum – stuff, stuff, stuff
Till the pipe is charged enough.
But they do not hang about
For the church is nearly out.

Lampel, now at ease and free,
Shuts the church and turns the key.

Done with his official chores,
He, with book and music scores,

Now sets course with sprightly paces
For his hearth and home's oasis,

And with thankfulness ignites
His tobacco pipe's delights.

"Ah!" he sighs, "what greater bliss
Is there than contentedness?"

Bang! The meerschaum pipe goes off
Loud like a Kalashnikov!

Coffee pot and rubbish bin,
Inkwell and tobacco tin,
Stove and wing chair fly and crash
In a mighty powder flash.

As the smoke cloud slowly clears,
Lampel – praise be! reappears.
There he lies beside the chair
Still alive, but worse for wear.

Face and hands by soot pervasion
Look more Moorish than Caucasian;
And his hair in just one flash
Was reduced to smudgy ash.

Who will now teach kids at college
To advance scientific knowledge?
Who has now the will and vision
To continue Lampel's mission?
Out of what will he be smoking,
Now his meerschaum pipe is broken?

Time heals all, no matter what,
Just the pipe has had its lot.

So much for the fourth bad trick
Worse to follow in a tick.

The Fifth Trick

If you have an uncle who
Doesn't live too far from you,
Be attentive, fetch and bring,
Uncles like that sort of thing.
Mornings say "good morning" and
Ask him if he needs a hand.
Fetch his pipe, the book he reads
And whatever else he needs.
Or if there is something which
Bites his back and makes it itch,
Cheerfully and with dispatch
Lend a hand and help him scratch.
Or if uncle blinks and wheezes
From a pinch of snuff and sneezes,
You must after each a-tishoo
Show concern and say "God bless you!"
When he's home late feeling rough,
Help him pull his wellies off,
Fetch his slippers and a rug
To keep uncle warm and snug.
All in all, a girl or boy
Does what gives an uncle joy.

Max and Moritz, it appears,
Had quite different ideas.
They preferred to use their wits
Playing tricks on Uncle Fritz.

May bugs by their shape and size
Are not hard to recognise.
In the trees you see them flit,
Creep about or merely sit.

Max and Moritz, looking gleeful,
Shake the bugs down by the treeful,

Pop them into bags of paper
For a creepy-crawly caper.

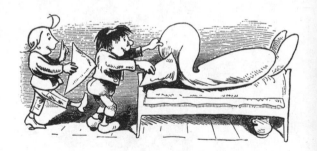

Next the beetle bags go down
Under Fritz's eiderdown.

Soon the uncle goes to bed
With his nightcap on his head,

Shuts his eyes and starts to snore
Never dreaming what's in store.

But the beetles – prickly, tickly,
Trickle from the mattress quickly,

Lots of bugs the first of which
Tickles Uncle Fritz's snitch.

"Wow!" he hollers feeling sick
As he grabs the monster tick.

Out of bed the uncle leaps,
For the bugs give him the creeps.

"Ugh!" the beetles buzz and hum
Settling on his legs and bum.

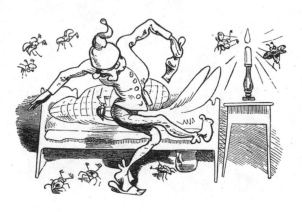

In the dark they crawl and stir
With a spooky, rustling whirr.

Uncle Fritz in mortal dread
Beats and stamps the whole lot dead.

"There! – that got you, serves you right,
No more creepy-crawls tonight!"

Peace restored, the uncle lies
Back in bed and shuts his eyes.

So much for the fifth bad trick,
Worse to follow in a tick.

The Sixth Trick

In the lovely Easter wake,
When the pious bakers bake
Every kind of sweet creation
Topped with sugar decoration,
Max and Moritz wished they too
Had themselves a cake or two.

But the baker, as they saw,
Shut and locked the bakehouse door.

So, to steal here, come what may,
They must use old Santa's way.

43

Woosh! and down the chimney stack
Shoot the two, turned raven black.

Puff! Into the chest they whiz
Where within the flour is.

Here you see them as they walk
Head to toe as white as chalk.

But already with great pleasure
They detect the pretzel treasure.

Crack! the chair breaks up and – oh!

Slosh! – they're lying in the dough.

Smothered in the sticky mixture
There they stand, a sorry pixture.

But the baker in his slippers
Has observed the sweet-toothed nippers.

47

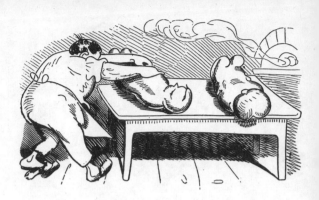

One, two, three – and to their dread,
They are turned to loaves of bread.

With the oven still aglow,
Ready, steady, in you go!

From the oven out they slide,
Brown and good like Mother's Pride.

You would think they are kaputt;
No, they're still alive *en croute*!

49

Like two mice they crunch and munch
Through the casing – thanks for lunch!

And the baker in dismay
Cries: "My God, they've got away!"

So much for the sixth bad trick,
Now the last one in a tick.

The Last Trick

Max and Moritz! Woe! Take heed!
This will be your last misdeed!
Why must Moritz, why must Max,
Go and slash these barley sacks?

Here you see the farmer Farleigh
Coming for his sacks of barley.

Hardly has he moved a metre,
Out the barley starts to peter.

And he grumbles: "Arr, yon blighter
On me back is growing lighter!"

Hey! He spots the cheery pals
Hiding in the cereals.

Scroop! He shovels up and bags
Both the pesky scallywags.

Max and Moritz feel quite ill,
For they're heading for the mill.

"Hi there, Miller! Be a mate!
Kindly grind this while I wait!"

"Give it here!" He shakes each brute
Out and down the corn mill's chute.

Rumble, grumble; batter, chatter
Grinds the mill with crackling clatter.

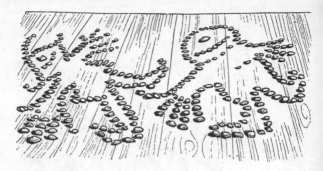

Here you see them re-created
Coarsely ground and granulated.

But the miller's ducks soon scoff
Their remains and see them off.

The End

When the village heard of it,
No one grieved the slightest bit.
Widow Bolter, soft and low,
Spoke: "Ah well – I told you so!"
Tailor Duck said: "Yes, yes, yes,
Wickedness is purposeless!"
Thereupon spoke teacher Lampel:
"It's a typical example!"
"Yes," the baker said, "in truth,
Man has far too sweet a tooth!"
Even kindly Uncle Fritz
Said: "That comes from playing tricks!"
Farmer Farleigh uttered: "Eeh!
It is nowt to do with me!"
So the village and surrounds
Were abuzz with happy sounds:
"Thank the Lord that we are free –
Saved from all their villainy!!"

Anhang

Max und Moritz

Vorwort

Ach, was muß man oft von bösen
Kindern hören oder lesen!!
Wie zum Beispiel hier von diesen,
Welche Max und Moritz hießen;
Die, anstatt durch weise Lehren
Sich zum Guten zu bekehren,
Oftmals noch darüber lachten
Und sich heimlich lustig machten. –
– Ja, zur Übeltätigkeit,
Ja, dazu ist man bereit! –
– Menschen necken, Tiere quälen,
Äpfel, Birnen, Zwetschen stehlen – –
Das ist freilich angenehmer
Und dazu auch viel bequemer,
Als in Kirche oder Schule
Festzusitzen auf dem Stuhle. –
– Aber wehe, wehe, wehe!
Wenn ich auf das Ende sehe!! –
– Ach, das war ein schlimmes Ding,
Wie es Max und Moritz ging.
– Drum ist hier, was sie getrieben,
Abgemalt und aufgeschrieben.

Erster Streich

Mancher gibt sich viele Müh
Mit dem lieben Federvieh;
Einesteils der Eier wegen,
Welche diese Vögel legen,

Zweitens: weil man dann und wann
Einen Braten essen kann;
Drittens aber nimmt man auch
Ihre Federn zum Gebrauch
In die Kissen und die Pfühle,
Denn man liegt nicht gerne kühle. –
Seht, da ist die Witwe Bolte,
Die das auch nicht gerne wollte.
Ihrer Hühner waren drei
Und ein stolzer Hahn dabei. –
Max und Moritz dachten nun:
Was ist hier jetzt wohl zu tun? –
– Ganz geschwinde, eins, zwei, drei,
Schneiden sie sich Brot entzwei,
In vier Teile, jedes Stück
Wie ein kleiner Finger dick.
Diese binden sie an Fäden,
Übers Kreuz, ein Stück an jeden,
Und verlegen sie genau
In den Hof der guten Frau. –
Kaum hat dies der Hahn gesehen,
Fängt er auch schon an zu krähen:
Kikeriki! Kikikerikih!! –
Tak tak tak! – da kommen sie.
Hahn und Hühner schlucken munter
Jedes ein Stück Brot hinunter;
Aber als sie sich besinnen,
Konnte keines recht von hinnen.
In die Kreuz und in die Quer
Reißen sie sich hin und her,
Flattern auf und in die Höh,
Ach herrje, herrjemine!
Ach, sie bleiben an dem langen
Dürren Ast des Baumes hangen. –
– Und ihr Hals wird lang und länger,
Ihr Gesang wird bang und bänger;

Jedes legt noch schnell ein Ei,
Und dann kommt der Tod herbei. –
Witwe Bolte, in der Kammer,
Hört im Bette diesen Jammer;
Ahnungsvoll tritt sie heraus:
Ach, was war das für ein Graus!
»Fließet aus dem Aug, ihr Tränen!
All mein Hoffen, all mein Sehnen,
Meines Lebens schönster Traum
Hängt an diesem Apfelbaum!!«
Tiefbetrübt und sorgenschwer
Kriegt sie jetzt das Messer her;
Nimmt die Toten von den Strängen,
Daß sie so nicht länger hängen,
Und mit stummem Trauerblick
Kehrt sie in ihr Haus zurück. –

Dieses war der erste Streich,
Doch der zweite folgt sogleich.

Zweiter Streich

Als die gute Witwe Bolte
Sich von ihrem Schmerz erholte,
Dachte sie so hin und her,
Daß es wohl das beste wär,
Die Verstorbnen, die hienieden
Schon so frühe abgeschieden,
Ganz im stillen und in Ehren
Gut gebraten zu verzehren. –
– Freilich war die Trauer groß,
Als sie nun so nackt und bloß
Abgerupft am Herde lagen,
Sie, die einst in schönen Tagen
Bald im Hofe, bald im Garten
Lebensfroh im Sande scharrten. –

Ach, Frau Bolte weint aufs neu,
Und der Spitz steht auch dabei.
Max und Moritz rochen dieses;
»Schnell aufs Dach gekrochen!« hieß es.
Durch den Schornstein mit Vergnügen
Sehen sie die Hühner liegen,
Die schon ohne Kopf und Gurgeln
Lieblich in der Pfanne schmurgeln. –
Eben geht mit einem Teller
Witwe Bolte in den Keller,
Daß sie von dem Sauerkohle
Eine Portion sich hole,
Wofür sie besonders schwärmt,
Wenn er wieder aufgewärmt. –
– Unterdessen auf dem Dache
Ist man tätig bei der Sache.
Max hat schon mit Vorbedacht
Eine Angel mitgebracht. –
Schnupdiwup! da wird nach oben
Schon ein Huhn heraufgehoben.
Schnupdiwup! jetzt Numro zwei;
Schnupdiwup! jetzt Numro drei;
Und jetzt kommt noch Numro vier:
Schnupdiwup! dich haben wir!! –
– Zwar der Spitz sah es genau,
Und er bellt: Rawau! Rawau!
Aber schon sind sie ganz munter
Fort und von dem Dach herunter. –
– Na! Das wird Spektakel geben,
Denn Frau Bolte kommt soeben;
Angewurzelt stand sie da,
Als sie nach der Pfanne sah.
Alle Hühner waren fort –
»Spitz!!« – das war ihr erstes Wort. –
»Oh, du Spitz, du Ungetüm!! –
Aber wart! ich komme ihm!!!«

Mit dem Löffel, groß und schwer,
Geht es über Spitzen her;
Laut ertönt sein Wehgeschrei,
Denn er fühlt sich schuldenfrei. –
– Max und Moritz, im Verstecke,
Schnarchen aber an der Hecke,
Und vom ganzen Hühnerschmaus
Guckt nur noch ein Bein heraus. –

Dieses war der zweite Streich,
Doch der dritte folgt sogleich.

Dritter Streich

Jedermann im Dorfe kannte
Einen, der sich Böck benannte. –
– Alltagsröcke, Sonntagsröcke,
Lange Hosen, spitze Fräcke,
Westen mit bequemen Taschen,
Warme Mäntel und Gamaschen –
Alle diese Kleidungssachen
Wußte Schneider Böck zu machen. –
– Oder wäre was zu flicken,
Abzuschneiden, anzustücken,
Oder gar ein Knopf der Hose
Abgerissen oder lose –
Wie und wo und was es sei,
Hinten, vorne, einerlei –
Alles macht der Meister Böck,
Denn das ist sein Lebenszweck. –
– Drum so hat in der Gemeinde
Jedermann ihn gern zum Freunde. –
Aber Max und Moritz dachten,
Wie sie ihn verdrießlich machten. –
Nämlich vor des Meisters Hause
Floß ein Wasser mit Gebrause.

Übers Wasser führt ein Steg
Und darüber geht der Weg. –
Max und Moritz, gar nicht träge,
Sägen heimlich mit der Säge,
Ritzeratze! voller Tücke,
In die Brücke eine Lücke. –
Als nun diese Tat vorbei,
Hört man plötzlich ein Geschrei:
»He, heraus! du Ziegen-Böck!
Schneider, Schneider, meck meck meck!!« –
– Alles konnte Böck ertragen,
Ohne nur ein Wort zu sagen;
Aber wenn er dies erfuhr,
Ging's ihm wider die Natur. –
Schnelle springt er mit der Elle
Über seines Hauses Schwelle,
Denn schon wieder ihm zum Schreck
Tönt ein lautes: »Meck, meck, meck!!«
Und schon ist er auf der Brücke,
Kracks! die Brücke bricht in Stücke;
Wieder tönt es: »Meck, meck, meck!«
Plumps! da ist der Schneider weg!
Grad als dieses vorgekommen,
Kommt ein Gänsepaar geschwommen,
Welches Böck in Todeshast
Krampfhaft bei den Beinen faßt.
Beide Gänse in der Hand,
Flattert er auf trocknes Land. –
Übrigens bei alledem
Ist so etwas nicht bequem;
Wie denn Böck von der Geschichte
Auch das Magendrücken kriegte.
Hoch ist hier Frau Böck zu preisen!
Denn ein heißes Bügeleisen,
Auf den kalten Leib gebracht,
Hat es wieder gut gemacht. –

– Bald im Dorf hinauf, hinunter,
Hieß es: Böck ist wieder munter!!

Dieses war der dritte Streich,
Doch der vierte folgt sogleich.

Vierter Streich

Also lautet ein Beschluß:
Daß der Mensch was lernen muß. –
  Nicht allein das A-B-C
Bringt den Menschen in die Höh;
Nicht allein im Schreiben, Lesen
Übt sich ein vernünftig Wesen;
Nicht allein in Rechnungssachen
Soll der Mensch sich Mühe machen;
Sondern auch der Weisheit Lehren
Muß man mit Vergnügen hören. –
Daß dies mit Verstand geschah,
War Herr Lehrer Lämpel da. –
– Max und Moritz, diese beiden,
Mochten ihn darum nicht leiden;
Denn wer böse Streiche macht,
Gibt nicht auf den Lehrer acht. –
Nun war dieser brave Lehrer
Von dem Tobak ein Verehrer,
Was man ohne alle Frage
Nach des Tages Müh und Plage
Einem guten alten Mann
Auch von Herzen gönnen kann. –
– Max und Moritz, unverdrossen,
Sinnen aber schon auf Possen,
Ob vermittelst seiner Pfeife
Dieser Mann nicht anzugreifen. –
– Einstens, als es Sonntag wieder
Und Herr Lämpel, brav und bieder,

In der Kirche mit Gefühle
Saß vor seinem Orgelspiele,
Schlichen sich die bösen Buben
In sein Haus und seine Stuben,
Wo die Meerschaumpfeife stand;
Max hält sie in seiner Hand;
Aber Moritz aus der Tasche
Zieht die Flintenpulverflasche,
Und geschwinde, stopf, stopf, stopf!
Pulver in den Pfeifenkopf. –
Jetzt nur still und schnell nach Haus,
Denn schon ist die Kirche aus. –
– Eben schließt in sanfter Ruh
Lämpel seine Kirche zu;
Und mit Buch und Notenheften,
Nach besorgten Amtsgeschäften
Lenkt er freudig seine Schritte
Zu der heimatlichen Hütte,
Und voll Dankbarkeit sodann
Zündet er sein Pfeifchen an.
»Ach!« – spricht er – »die größte Freud
Ist doch die Zufriedenheit!!!«
Rums!! – da geht die Pfeife los
Mit Getöse, schrecklich groß.
Kaffeetopf und Wasserglas,
Tobaksdose, Tintenfaß,
Ofen, Tisch und Sorgensitz –
Alles fliegt im Pulverblitz. –
Als der Dampf sich nun erhob,
Sieht man Lämpel, der gottlob!
Lebend auf dem Rücken liegt;
Doch er hat was abgekriegt.
Nase, Hand, Gesicht und Ohren
Sind so schwarz als wie die Mohren,
Und des Haares letzter Schopf
Ist verbrannt bis auf den Kopf. –

Wer soll nun die Kinder lehren
Und die Wissenschaft vermehren?
Wer soll nun für Lämpel leiten
Seine Amtestätigkeiten?
Woraus soll der Lehrer rauchen,
Wenn die Pfeife nicht zu brauchen??
Mit der Zeit wird alles heil,
Nur die Pfeife hat ihr Teil. –

Dieses war der vierte Streich,
Doch der fünfte folgt sogleich.

Fünfter Streich

Wer in Dorfe oder Stadt
Einen Onkel wohnen hat,
Der sei höflich und bescheiden,
Denn das mag der Onkel leiden. –
– Morgens sagt man: »Guten Morgen!
Haben Sie was zu besorgen?«
Bringt ihm, was er haben muß:
Zeitung, Pfeife, Fidibus. –
Oder sollt es wo im Rücken
Drücken, beißen oder zwicken,
Gleich ist man mit Freudigkeit
Dienstbeflissen und bereit. –
Oder sei's nach einer Prise,
Daß der Onkel heftig niese,
Ruft man »Prosit!« allsogleich,
»Danke, wohl bekomm es Euch!« –
Oder kommt er spät nach Haus,
Zieht man ihm die Stiefel aus,
Holt Pantoffel, Schlafrock, Mütze,
Daß er nicht im Kalten sitze –
Kurz, man ist darauf bedacht,
Was dem Onkel Freude macht. –

– Max und Moritz ihrerseits
Fanden darin keinen Reiz. –
Denkt euch nur, welch schlechten Witz
Machten sie mit Onkel Fritz! –
Jeder weiß, was so ein Mai-
Käfer für ein Vogel sei. –
In den Bäumen hin und her
Fliegt und kriecht und krabbelt er.
Max und Moritz, immer munter,
Schütteln sie vom Baum herunter.
In die Tüte von Papiere
Sperren sie die Krabbeltiere. –
Fort damit, und in die Ecke
Unter Onkel Fritzens Decke!
Bald zu Bett geht Onkel Fritze
In der spitzen Zipfelmütze;
Seine Augen macht er zu,
Hüllt sich ein und schläft in Ruh.
Doch die Käfer, kritze kratze!
Kommen schnell aus der Matratze.
Schon faßt einer, der voran,
Onkel Fritzens Nase an.
»Bau!!« – schreit er – »Was ist das hier?!!«
Und erfaßt das Ungetier.
Und den Onkel, voller Grausen,
Sieht man aus dem Bette sausen.
»Autsch!!« – Schon wieder hat er einen
Im Genicke, an den Beinen;
Hin und her und rund herum
Kriecht es, fliegt es mit Gebrumm.
Onkel Fritz, in dieser Not,
Haut und trampelt alles tot.
Guckste wohl! Jetzt ist's vorbei
Mit der Käferkrabbelei!!
Onkel Fritz hat wieder Ruh
Und macht seine Augen zu. –

Dieses war der fünfte Streich,
Doch der sechste folgt sogleich.

Sechster Streich

In der schönen Osterzeit,
Wenn die frommen Bäckersleut,
Viele süße Zuckersachen
Backen und zurechtemachen,
Wünschten Max und Moritz auch
Sich so etwas zum Gebrauch. –
Doch der Bäcker, mit Bedacht,
Hat das Backhaus zugemacht.
Also, will hier einer stehlen,
Muß er durch den Schlot sich quälen. –
Ratsch!! – Da kommen die zwei Knaben
Durch den Schornstein, schwarz wie Raben.
Puff!! – Sie fallen in die Kist,
Wo das Mehl darinnen ist.
Da! Nun sind sie alle beide
Rund herum so weiß wie Kreide.
Aber schon mit viel Vergnügen
Sehen sie die Brezeln liegen.
Knacks!! – Da bricht der Stuhl entzwei;
Schwapp!! – Da liegen sie im Brei.
Ganz von Kuchenteig umhüllt
Stehn sie da als Jammerbild. –
Gleich erscheint der Meister Bäcker
Und bemerkt die Zuckerlecker.
Eins, zwei, drei! – eh man's gedacht,
Sind zwei Brote draus gemacht.
In dem Ofen glüht es noch –
Ruff!! – damit ins Ofenloch!
Ruff!! – man zieht sie aus der Glut –
Denn nun sind sie braun und gut. –

– Jeder denkt, »die sind perdü!«
Aber nein! – noch leben sie! –
Knusper, knasper! – wie zwei Mäuse
Fressen sie durch das Gehäuse;
Und der Meister Bäcker schrie:
»Achherrje! da laufen sie!!« –

Dieses war der sechste Streich,
Doch der letzte folgt sogleich.

Letzter Streich

Max und Moritz, wehe euch!
Jetzt kommt euer letzter Streich! –
Wozu müssen auch die beiden
Löcher in die Säcke schneiden?? –
– Seht, da trägt der Bauer Mecke
Einen seiner Maltersäcke. –
Aber kaum daß er von hinnen,
Fängt das Korn schon an zu rinnen.
Und verwundert steht und spricht er:
»Zapperment! Dat Ding werd lichter!«
Hei! Da sieht er voller Freude
Max und Moritz im Getreide.
Rabs!! – in seinen großen Sack
Schaufelt er das Lumpenpack.
Max und Moritz wird es schwüle,
Denn nun geht es nach der Mühle. –
»Meister Müller, he, heran!
Mahl er das, so schnell er kann!«
»Her damit!!« – Und in den Trichter
Schüttelt er die Bösewichter. –
Rickeracke! Rickeracke!
Geht die Mühle mit Geknacke.
Hier kann man sie noch erblicken
Fein geschroten und in Stücken.

Doch sogleich verzehret sie
Meister Müllers Federvieh.

Schluß

Als man dies im Dorf erfuhr,
War von Trauer keine Spur. –
– Witwe Bolte, mild und weich,
Sprach: »Sieh da, ich dacht es gleich!« –
– »Ja ja ja« rief Meister Böck –
»Bosheit ist kein Lebenszweck!« –
– Drauf so sprach Herr Lehrer Lämpel:
»Dies ist wieder ein Exempel!« –
– »Freilich!« meint der Zuckerbäcker –
»Warum ist der Mensch so lecker?!« –
– Selbst der gute Onkel Fritze
Sprach: »Das kommt von dumme Witze!« –
– Doch der brave Bauersmann
Dachte: »Wat geiht meck dat an?!« –
– Kurz, im ganzen Dorf herum
Ging ein freudiges Gebrumm:
»Gott sei Dank! Nun ist's vorbei
Mit der Übeltäterei!!«

Der deutsche Text folgt der Ausgabe: Wilhelm Busch: Ausgewählte
Werke. Hrsg. von Gert Ueding. Stuttgart: Reclam, 1988. (Universal-
Bibliothek. Nr. 7483.)

Nachwort

Über 130 Jahre ist *Max und Moritz* jetzt alt[1] – ein erstaunliches Alter für ein Kinderbuch. Wie es der Zufall wollte, erschien das Buch im selben Jahr, in dem auch das klassische Buch der englischen Kinderliteratur, *Alice in Wonderland*, gedruckt wurde – und die Autoren, Busch und Lewis Carroll, sind im selben Jahr (1832) geboren.

Busch und sein Verleger haben den Erfolg der ›Kleinen Kinder-Epopöe‹ nicht vorhersehen können. Doch schon zu Buschs Lebzeiten war das deutsche Original zu einem Klassiker geworden, mit regelmäßigen Nachdrucken, später in neuer Orthographie, aber ansonsten unverändert. Anders als bei *Alice in Wonderland* hielt sich die Zahl der Übersetzungen in Grenzen; bis zu Buschs Tode waren erst zehn fremdsprachige Fassungen erschienen. Auch in der Folgezeit ist *Max und Moritz* ein *europäisches* Buch geblieben, mit weiter Verbreitung in Nord- und Osteuropa, vor allem vor 1914 – aber immerhin gibt es heute 265 Übersetzungen.

Wir haben kaum Äußerungen von Busch, was er von den Übersetzungen seiner Werke hielt – vor allem wäre aufschlußreich zu wissen, wie er die Weiterentwicklung seiner Bildergeschichten in Amerika beurteilt hat. 1897 beauftragte der Zeitungszar Randolph Hearst, beeindruckt von dem Erfolg der *Max-und-Moritz*-Geschichte, den Deutsch-Amerikaner Rudolph Dirks, eine amerikanische Entsprechung zu zeichnen – und die *Katzenjammer Kids* waren geboren, in ihrer Abstammung noch immer kenntlich an den deutschen Namen Hans und Fritz und deutschen Akzenten, aber in ihrem künstlerischen Anspruch reduziert und später durch die neuerfundenen Sprechblasen verunstaltet. Ironischerweise ist so die Wirkung, die das Werk von Wil-

---

1 Dieses Nachwort greift Gedanken auf, die ich in verschiedenen Einleitungen zum Thema der Übersetzbarkeit des Textes veröffentlicht habe (vgl. Görlach 1982a, 1982b, 1986, 1995).

helm Busch weltweit verdient hätte, durch die seiner illegitimen Nachkommen überdeckt worden.

Max und Moritz wurde früh ins Englische übersetzt und immer wieder, auch in neuen Fassungen, im englischen Sprachraum gedruckt – aber offenbar in kleinen Auflagen. Zum Teil ist dies sicher auf die geringe Qualität der Übersetzungen zurückzuführen. Erst mit den Wiedergaben durch Walter Arndt (auch in Görlach 1982a) und Elly Miller (zuerst in Görlach 1986) kamen Übersetzungen zustande, die dem Original gerecht wurden. Als Beispiel seien hier ihre beiden Versionen des Vorworts angeführt.

> Ah, the wickedness one sees
> Or is told of such as these,
> Namely Max and Moritz; there!
> Look at the disgraceful pair!
> Who, so far from gladly reaching,
> For the boons of moral teaching,
> Chose those very rules to flout
> And in secret laugh about.
> But designs of malefaction
> Find them keen on instant action!
> Teasing folk, tormenting beasts,
> Stealing fruit for lawless feasts
> Are more fun, as one can tell,
> And less troublesome as well,
> Than to sit through class or sermon,
> Never fidgeting or squirming.
> Looking at the sequel, though:
> Woe, I say, and double woe!!
> How it all at last came out
> Chills the heart to think about.
> That's why all the tricks they played
> Are retold here and portrayed.
>
> (W. Arndt)

Think how frequently one reads
of some youngsters' wicked deeds.
Take for instance Mac and Murray
who caused pain and harm and worry,
who instead of being good,
doing everything they should,
mocked at kindness, laughed at virtue,
only practised what might hurt you. –
Yes indeed, for trick and crime
they would always find the time!
Making fun of people's habits,
teasing cats and dogs and rabbits,
stealing apples, pears and cherries,
pinching plums and bagging berries –
all seemed nicer than to stay
stuck in church or school all day. –
But beware, beware, beware
of the end of this affair!
Mac and Murray's dreadful story
brought them neither gain nor glory.
What they did is here related,
written down and illustrated.

(E. Miller)

Es ist wahrscheinlich, daß die frühen Übersetzer die Schwierigkeiten schlicht unterschätzt haben; die metrische Glätte,[2] das Spiel mit den Stilebenen, die Zitierfähigkeit von Verspaaren – und das ironische Spiel, das den Autor auf der Seite der Erwachsenenwelt von Recht und Ordnung zu zeigen scheint, wo er doch gegen die engen Horizonte der kleinbürgerlichen Dorfwelt angeht, voller Verständnis für die ›bösen‹ Buben.

2 Buschs Neffe Hermann Nöldeke berichtet: »Und als ihm einmal jemand sagte, die so leicht klingenden köstlichen Verse und geflügelten Worte seien ihm nur so zugefallen, erwiderte er ein wenig entrüstet: ›Aber erlauben Sie mal, die sind mit großem Fleiß erdacht und sorgsam gefeilt.‹« (1930, S. 372). In einem Brief an seinen Verleger Bassermann vom 6. November 1872 – die einzige Stellungnahme, die von Busch zur Übersetzung eines seiner Werke vorliegt – beklagte er eine holprige Übertragung der *Frommen Helene*, der es an Glätte und Leichtigkeit fehle.

Walter Arndt und Elly Miller brachten eine wesentliche Voraussetzung für eine erfolgreiche Wiedergabe mit: beide wuchsen mit dem Buch auf, in Breslau und Wien, bis beide in den dreißiger Jahren gezwungen waren, ihre Heimat zu verlassen und sich nach dem Studium in Oxford eine neue Existenz in den USA und England aufzubauen – ein Schicksal, das sie an beiden Kulturen teilhaben läßt, wo bloße Zweisprachigkeit für Übersetzer nicht ausreicht. Busch sagte zum Thema in einem Brief vom 8. September 1875: »Um das was drollig, schelmisch, heimtückisch in einer Sprache ist zu verstehn, muß man in dieser Sprache geboren und erzogen sein.«

Percy Reynolds ist eine rühmliche Ausnahme von der Regel. Sprachgefühl und das Hinhören auf die Zwischentöne in Original und Zielsprache kann zu einer überzeugenden Lösung führen, selbst wo der Autor keiner der Sprachgemeinschaften angehört: Er wurde 1922 als Sohn einer dänischen Mutter und eines englischen Vaters in Dänemark geboren, floh 1941 nach England und wurde Schütze auf Flugzeugen der britischen Luftwaffe – ein Dienst, der ihn bis nach Indien und Burma führte. Ab 1946 arbeitete er für die Kontrollkommission und als Zensor bei der *Welt* in Berlin, wo er während der Blockade seine spätere Frau kennenlernte. Bis zu seiner Rückkehr nach England war er Herausgeber der von der britischen Hochkommission herausgegebenen *Englischen Rundschau*. Nach Arbeit als Texter bei Londoner Werbeagenturen war er dann selbständig als Herausgeber von Informationsdiensten tätig bis zum Rückzug aus dem Berufsleben 1987. Percy Reynolds lebt mit Frau, Labrador und zwei wilden Schleiereulen in einem Bauernhaus in Wales, das er selbst wiederhergestellt hat.

Seine Übersetzung (wie seine anderen unveröffentlichten Übertragungen von Werken Buschs) zeichnet sich durch Texttreue, Wortspiele und Wortwitz aus, die sicher die Zustimmung des großen Meisters gefunden hätten. Es ist ein überzeugender Nachweis der Möglichkeiten der Übersetzungskunst wie auch ihres endlichen Scheiterns, daß die drei

Übersetzungen von Arndt, Miller und Reynolds so verschieden sind – jede für sich gelungen, bringen sie die unverwechselbaren Eigenheiten der Übersetzer zum Ausdruck: ein durchgehender Textvergleich ist eine der anregendsten Übungen für jeden an der englischen Sprache interessierten Leser.

Manfred Görlach

Literatur

Busch, Wilhelm: Max und Moritz. Faksimile-Druck nach der Original-Handschrift. Hannover: Fehling, 1972.

Arndt, Walter (Hrsg.): The genius of Wilhelm Busch. Comedy of frustration. An English anthology. Berkeley: University of California Press, 1982. [Umfassende Werkausgabe in englischer Sprache.]

Görlach, Manfred (Hrsg.): Max und Moritz polyglott. München: Deutscher Taschenbuch Verlag, 1982. [13]1994. (dtv 10026.) [Enthält W. Arndts Übersetzung. – Zit. als: Görlach 1982a.]

– Max und Moritz in deutschen Dialekten, Mittelhochdeutsch und Jiddisch. Hamburg: Buske, 1982. [Zit. als: Görlach 1982b.]

– Max and Moritz in English dialects and creoles. Hamburg: Buske, 1986. [Enthält E. Millers Übersetzung.]

– Max und Moritz in 21 deutschen Mundarten. Krefeld: van Acken, 1990.

– Max und Moritz von A bis Z. Heidelberg: Winter, 1995.

Nöldeke, Otto / Nöldeke, Hermann: Wilhelm-Busch-Buch. Berlin-Grunewald: Klemm, 1930.

Ueding, Gert: Wilhelm Busch – das neunzehnte Jahrhundert en miniature. Frankfurt a. M.: Athenäum, 1977.

Inhalt

Max and Moritz

Anhang